Geckos halten für Anfänger

Wie die Geckohaltung leicht gelingt und Sie die häufigsten Fehler sicher vermeiden – inkl. Tipps für den Gecko-Kauf

Saskia Meydorn

INHALT

Das erwartet Sie in diesem Buch

Der Gecko gehört zu den ältesten und vielseitigsten Kreaturen auf diesem Planeten. Wie ein Zauberkünstler kann er über Wasser oder kopfüber an der Decke laufen. In diesem Buch erhalten Sie einen Einblick über den Gecko als solches, seine körperlichen Eigenschaften sowie die Unterschiede der einzelnen Arten. Für Reptilienhalter und die, die es werden wollen, liefert dieses Buch alle nötigen Informationen, die für die Haltung und Vermehrung dieser erstaunlichen Geschöpfe notwendig sind.

Sind Sie neu in der Terraristik, können Sie in diesem Buch erfahren, welche Grundvoraussetzungen und finanziellen Mittel Sie für die Haltung eines Geckos erfüllen müssen. Außerdem gibt es praktische Tipps für den Umgang mit lebenden Futterinsekten.

Das Buch hilft bei der Auswahl des richtigen Terrariums und berücksichtigt dabei die Unterschiede der jeweiligen Materialien. Es stellt artspezifische Einrichtungsgegenstände vor und zeigt, wie man diese selbst herstellen kann. Eine Auswahl an ungiftigen Pflanzen, die dem jeweiligen Terrarien-Typ angepasst sind, sowie eine Liste der erforderlichen technischen Geräte samt ihrer Kosten ist ebenfalls inbegriffen. Das Buch enthält eine Auswahl der beliebtesten Geckoarten, welche klimatischen Bedingungen die jeweilige Art benötigt und wie die Einrichtung sein sollte.

Welche Art eine Winterruhe hält und was dabei beachtet werden muss, wird ebenfalls dargestellt. Allen Zuchtinteressierten Terrarianern gibt dieses Buch praktische Hinweise für die Inkubation der Eier und die Aufzucht der Jungtiere. Auch Probleme und Erkrankungen werden beschrieben. So wird auf die häufigsten Erkrankungen, Haltungsfehler und deren Behandlung eingegangen. Was getan werden muss, wenn der Gecko einmal entkommt und was ein Gecko mit einem Wassertropfen gemeinsam hat, erfahren Sie in diesem Buch.

Der Gecko

Geckos (Gekkonidae) existieren bereits seit ca. 50 Millionen Jahren auf dieser Erde, damit gehören sie zu den ältesten Tierarten der Welt. Als Reptilien bilden sie wie alle Echsen eine der vier Großgruppen der Schuppenkriechtiere. Der Gecko ist sehr scheu und versteckt sich in Ritzen oder Höhlen. Da er aber wie alle Reptilien wechselwarm ist und somit seine Körpertemperatur von der Umgebung abhängt, lässt sich das scheue Tier auch auf sonnenbeschienen Steinen sehen. Hier wärmt er sich auf.

Allerdings können Geckos blitzschnell sein. Nähert man sich nicht vorsichtig genug, ist nur ein kurzer Blick auf ihn möglich. Daher lassen sich diese beeindruckenden Tiere oft nur im Terrarium gut beobachten. Geckos sind mit ihren knapp 1200 verschiedenen Arten sehr vielseitig, es gibt tag- und nachtaktive Vertreter und sie kommen in fast allen Farbgebungen vor. Auch, was das Zusammenleben angeht, sind sie unterschiedlich. Einige Geckoarten leben als Einzelgänger und suchen nur während der Balzzeit soziale Kontakte. Die meisten Arten leben allerdings in lockeren Verbänden.

VERBREITUNG UND LEBENSWEISE

Damals war der Gecko nur in bestimmten Gebieten beheimatet, durch seine Anpassungsfähigkeit konnte er sich jedoch an viele verschiedene Lebensräume anpassen. Er bewohnt Wüsten, Steppen und Felsregionen, ist aber auch in trop- und subtropischen Gebieten wie dem Regenwald zu Hause. Auch Gärten und Häuser zählen mittlerweile zu seinen Lebensräumen, so ist der Türkische Halbfingergecko auch als „Hausgecko" bekannt und zählt zu den häufigsten Geckoarten. Durch seine enorme Anpassungsfähigkeit sind über die Jahre viele verschiedene Arten entstanden, manche kommen sogar nur auf einer Insel vor. Zudem werden immer wieder neue Arten entdeckt.

Zu seinen Fressfeinden zählen vor allem Vögel, aber auch Schlangen und einige Säugetierarten wie Wildkatzen. Der Gecko selbst ist aber auch ein Jäger und kann mit einem blitzschnellen Sprung leicht Insekten wie Fliegen und Heuschrecken erbeuten. Größere Vertreter ihrer Art jagen sogar Mäuse und andere kleine Säugetiere, selbst vor Skorpionen machen sie nicht halt. Um den Speiseplan zu ergänzen, fressen viele Arten auch Obst, Nektar und Pollen. Das Jagen und Fressen spielt sich bei ihm eher nachts ab, da ca. 75 % aller Geckoarten nachtaktiv sind. Anders als bei den meisten Echsen kommuniziert er nicht nur über die Körpersprache, sondern auch über die Stimme. Dabei können die Töne sehr unterschiedlich sein. Das hängt von der jeweiligen Art und dem Grund der Lautäußerung ab.

ANATOMIE

Durch die unterschiedlichen Verbreitungsgebiete haben sich viele anatomisch sehr unterschiedliche Geckoarten entwickelt. Dies wird besonders bei der Größe und dem Gewicht deutlich. Die kleinste Art wiegt nur 2 Gramm und die größte bis zu 680

Gramm. Der Sphaerodactylus ariasae zum Beispiel erreicht eine Länge von nur 3 cm und gilt somit als kleinste Echse der Welt. Der Tokeh hingegen kann eine Länge von 35 cm erreichen und zählt somit zu den größten Geckoarten. Aber nicht nur bei der Größe gibt es Unterschiede, sondern auch bei den Füßen. Am meisten ist der Gecko wohl für seine Fähigkeit bekannt, selbst an den glattesten Oberflächen emporzulaufen oder sogar kopfüber an ihnen zu hängen.

Seine Haftkraft an Flächen ist so groß, dass es ihm sogar möglich ist, sich an nur einem Zeh mit seinem gesamten Körpergewicht zu halten. Doch wie schafft er dieses Kunststück, ohne herunterzufallen und vor allem, wie schafft er es, nicht kleben zu bleiben?

Das Geheimnis liegt in der sogenannten Adhäsion. Diese sorgt zum Beispiel auch dafür, dass Wassertropfen an der Scheibe haften. Zwischen den Berührungsflächen entsteht eine molekulare Anziehungskraft. Die Kräfte, die zwischen Atomen und Molekülen wirken, heißen Van-der-Waals-Kräfte. In Atomen verändert sich die Ladung so, dass sie wie kleine Magnete wirken. Die Van-der-Waals-Kräfte zählen zu den schwächsten Anziehungskräften. Warum der Gecko dennoch mit bis zu 100 Newton an der Wand haften kann, liegt an mikroskopisch Härchen, den sogenannten Spatulae. Spatulae sind nur 200 Nanometer lang und 15 Nanometer dick. Das macht in etwa ein Zehntel des menschlichen Haares aus.

500 nebeneinanderliegende Spatulae bilden eine Seta. Setae kann man sich gut wie Borsten vorstellen. Diese Borsten bilden dann die bekannten Lamellen an den Zehen des Geckos. Die Lamellen sind mit dem bloßen Auge sichtbar. Da sich auf einem Geckofuß pro Quadratmillimeter bis zu 5000 von diesen Härchen befinden können, bewirkt diese große Menge eine starke intermolekulare Kraft. Zudem können sich die tausende kleinen Härchen an die winzigen Unebenheiten und unterschiedlichen Bodenstrukturen anpassen.

Was ihn allerdings zu Fall bringen könnte, ist Nässe. Ist der Untergrund oder sein Fuß nass, so kann er abrutschen. Durch das Wasser kommen die feinen Hafthärchen nicht nahe genug an die Oberfläche. Die Van-der-Waals-Kräfte können nicht wirken. Am besten haftet der Fuß des Geckos jedoch bei leichter Feuchtigkeit, sie macht die Lamellen elastischer und somit passen sie sich noch besser dem Untergrund an.

Doch wie schafft der Gecko es, am Untergrund kleben zu bleiben, ohne dass dieser an ihm klebt? Um seine Füße vom Untergrund zu lösen, braucht er nur 15 Mikrosekunden. Er nutzt dazu einen Trick. Seine Lamellen mit den kleinen Härchen funktionieren nur dann wie Magnete, wenn sie den Untergrund in einem bestimmten Winkel berühren. Er verändert beim Laufen also einfach den Winkel der Lamellen zu der Oberfläche.

Allerdings besitzt nicht jeder Gecko Füße mit Haftlamellen. Einige haben Krallen, der Namibgecko hat sogar Schwimmflossen zwischen den Zehen. Diese ermöglichen es ihm, über den lockeren Sand zu laufen, ohne einzusinken und schnell Löcher zu graben.

Weitere Unterschiede zwischen den verschiedenen Arten finden sich auch bei den Augen. Da es nacht- und tagaktive Geckos gibt, sind dementsprechend auch ihre Augen daran angepasst. Tagaktive Arten lassen sich leicht von den nachtaktiven unterscheiden. Sie haben runde Pupillen. Geckos, die nachtaktiv sind, haben schlitzförmige Augen, die an Katzenaugen erinnern können. Geckos besitzen keine Wimpern und bis auf die Lidgeckos auch kein Augenlid. Sie schlafen daher mit offenen Augen. Um ihre Augen sauber zu halten, lecken sie diese ab. Alle

Arten können gut sehen, der Helmgecko kann sogar nachts noch Farben erkennen.

Unterschiede gibt es auch bei der Haut. Sie kann kleinschuppig, großschuppig, aber auch weich oder höckerig sein. Die Gemeinsamkeit besteht darin, dass sich alle Geckos häuten. Bei manchen häutet sich das Auge mit. Auch können alle Arten ihren Schwanz bei Gefahr abwerfen. Der Schwanz dient vor allem als Speicher für Nährstoffe. Er ist je nach Art kürzer oder länger. Wie gut dieser „Nährstoffspeicher" gefüllt ist, lässt sich an der Dicke des Schwanzes erkennen. Im besten Fall kann ein Tier ein paar Wochen ohne Futter auskommen.

Die Schwanzwirbel besitzen Sollbruchstellen, dadurch kann er ohne größere Probleme und auch ohne Blutung abgeworfen werden. Nach dem Abwurf zuckt der Schwanz für einige Sekunden, dadurch lenkt er potenzielle Angreifer ab. Er wächst anschließend bei den meisten Arten wieder nach, er wird aber oft nicht ganz so lang und kann sich in der Farbe von dem Rest des Körpers unterscheiden.

Der Taggecko nutzt seinen Schwanz wie eine fünfte Hand. Die Schwanzschuppen verhaken sich mit dem Untergrund und helfen somit beim Klettern. Wirft er jedoch seinen Schwanz ab, hat der Nachfolgende diese Fähigkeit nicht mehr. Die Maulumrandung des Geckos ist sehr scharfkantig, er braucht daher keine Zähne. Seine Beute wird einfach im Maul zerquetscht.

Die Ohren sind von Art zu Art unterschiedlich gut ausgeprägt. Viele hören jedoch nicht so gut, alle nehmen aber Erschütterungen gut wahr. Ohrmuscheln haben sie nicht, sondern Öffnungen, welche seitlich am Kopf hinter den Augen sitzen. Genau wie das Hören ist auch das Riechen unterschiedlich gut ausgeprägt. Geckos besitzen ein Jacobsonsches Organ, es nimmt Gerüche auf und befindet sich am Gaumen. Durch das Züngeln nehmen die Tiere Gerüche auf und leiten sie an dieses Organ weiter. Den Geruchssinn benötigen Geckos vor allem, um Feinden zu entkommen, Nahrung zu finden und für die Partnersuche.

Haltung und Pflege

Bei der Haltung eines Geckos ist die richtige Beleuchtung, Temperatur, Luftfeuchtigkeit und Terrarium-Einrichtung für das Wohlergehen und Überleben des Tieres entscheidend. Hat man sich für eine Art entschieden, sollten ausreichend Informationen über sie gesammelt werden, nur so kann den speziellen Bedürfnissen des Tieres entsprochen werden.

In ihrem natürlichen Lebensraum kommen Geckos auch oft in die Häuser der Menschen. Sie leben dort als nützliche Insektenvertilger. Daher kommt immer wieder die Frage auf, ob Geckos auch frei in der Wohnung ohne Terrarium gehalten werden können. Da aber in Deutschland keine klimatischen Grundvoraussetzungen für einen Gecko gegeben sind, wäre die Haltung eines Geckos ohne Terrarium Tierquälerei, denn auch im Winter, trotz Heizung, herrschen nicht die richtigen Klimabedingungen. Somit ist ein Terrarium für die Haltung eines Geckos unumgänglich.

DAS TERRARIUM

Das Terrarium ist ein Behälter aus Glas, Holz oder Kunststoff. In ihm können Lebensräume imitiert werden. Durch zusätzliche technische Geräte kann ein entsprechendes Klima für Pflanzen und Tiere nachgeahmt werden. Ein Terrarium ist Voraussetzung für eine artgerechte Haltung von Reptilien.

In einem Terrarium überwiegt im Gegensatz zum Aquarium der Luft- und Landteil. Aus Holz sind sie vor allem für trockene Regionen geeignet. Das Material ist atmungsaktiv und isoliert Wärme besser als Glas oder Kunststoff. Zudem hat es den Vorteil, dass ein nachträgliches Bearbeiten wie Bohrungen oder Ähnliches möglich sind. Das Holzterrarium ist jedoch nicht für Tiere geeignet, die eine hohe Luftfeuchtigkeit benötigen, da es sonst schnell zu

Schimmelbildung kommen könnte. In diesem Fall wäre ein Glasterrarium gut geeignet, da es wasserdicht ist und sich gut reinigen lässt. Ein Kunststoffterrarium hat den Vorteil des geringeren Gewichts. Moderne Kunststoffe haben mittlerweile auch eine gute Wärmespeicherung und es gibt sogar manche, die das Licht innerhalb des Terrariums spiegeln und somit eine geringere Beleuchtung notwendig ist.

Ebenso ist die Belüftung des Terrariums den inneren Klimabedingungen anzupassen. Bei Trockenterrarien befinden sich die unteren Belüftungsbereiche oft an der Seite. Das hat den Vorteil, dass der Blick durch die Frontscheibe frei ist. Feuchtterrarien besitzen ein solches Gitter unterhalb der Frontscheibe. Dies ist sehr wichtig, denn oft sammelt sich im unteren Drittel stickige und feuchte Stauluft an.

Die Folge ist, dass die Scheiben beschlagen und Keime sich schneller verbreiten können. Um das zu verhindern, müssen Belüftungsbereiche im unteren und oberen Teil des Terrariums vorhanden sein. Da warme Luft nach oben steigt und es innerhalb des Terrariums meist wärmer ist als außerhalb, entweicht die „alte Luft" nach oben und neue kann durch den unteren Belüftungsbereich hineinziehen. So entsteht eine angenehme Luftzirkulation, welche nicht nur Keimen, sondern auch unangenehmen

Gerüchen vorbeugt. Dementsprechend ist es wichtig, dass die Luft ungehindert nach oben entweichen kann. Aus diesem Grund sollten keine Gegenstände auf dem Belüftungsbereich stehen oder dieser durch ein Regalbrett verdeckt sein. Für eine optimale Belüftung steht das Terrarium am besten frei im Raum. Im Notfall können an einem Terrarium Luftschlitze oder Gitter nachträglich angebracht werden.

STANDORT UND GRÖßE

Neben der Notwendigkeit einer guten Belüftung sind auch noch andere Faktoren für den Standort entscheidend. Geckos können Vibrationen und laute Geräusche gut wahrnehmen, zudem sehen sie sehr gut. Damit das Tier nicht unter Dauerstress steht, sollte das Terrarium an einem ruhigen Platz stehen. Es sollte nicht direkt neben dem Fernseher, der Musikanlage oder Küchengeräten stehen.

Hat der Halter einen empfindlichen Schlaf, sollten nachtaktive Geckos nicht unbedingt im Schlafzimmer gehalten werden. Um nicht zu überhitzten oder Zugluft ausgesetzt zu sein, sollte es auch an keinem Fenster stehen, es sei denn, man schützt es dort vor zu starker Sonneneinstrahlung und Zugluft. Katzen oder andere Tiere sollten keinen Zugang zu den

Reptilien haben, da schon der Anblick durch die Glasscheibe Stress auslöst. Es gibt spezielle Unterschränke, die sich auch für schwere Terrarien eignen. Die Größe des Terrariums ist der Größe des Tieres zu anzupassen, denn ist das Terrarium zu klein, leiden die Tiere und können krank werden. Halter, die nur wenig Platz haben, können sich eine kleine Geckoart wie den Zwerggecko zulegen.

Die nötige Größe des Terrariums lässt sich durch eine einfache Rechenformel herausfinden. Benötigt wird lediglich die Kopf-Rumpf-Länge des Tieres. Sie reicht von der Nasenspitze bis zum Schwanzansatz.

Für die **Länge** des Terrariums rechnet man:
Kopf-Rumpf-Länge × 5

Für die **Breite** des Terrariums:
Kopf-Rumpf-Länge × 4

Für die **Höhe** des Terrariums
Kopf-Rumpf-Länge × 3

Für jedes weitere Tier werden 15 % der Grundfläche hinzugerechnet.

> **Beispiel**: Ein Gecko misst eine Kopf-Rumpf-Länge von 10 cm.
>
> **Breite**: 10 × 5 = 50 cm
>
> **Länge**: 10 × 4 = 40 cm
>
> **Höhe**: 10 × 3 = 30 cm

Bei dieser Rechnung handelt es sich allerdings nur um die Mindestgröße. Damit sich die Tiere wohlfühlen, sollte ein möglichst großes Terrarium gewählt werden. Ein wichtiger Punkt bei der Auswahl des Terrariums ist, ob es sich bei dem Gecko um eine bodenbewohnende oder baumbewohnende Art handelt. Baumbewohnende benötigen ein hohes und Bodenbewohnende ein langes Terrarium.

EINRICHTUNG

Bei der Einrichtung eines Terrariums ist vor allem darauf zu achten, dass sich verschiedene Temperaturzonen bilden können. So kann der Gecko sich nach Bedarf wärmen oder kühlen, am besten durch Sonn- und Schattenplätze.

Für eine artgerechte Haltung ist der **Bodengrund** besonders wichtig, da er das Klima im Terrarium beeinflusst. Er sollte dem natürlichen Lebensraum des Geckos nachempfunden sein. Waldbewohnende Geckos benötigen daher Humus- oder Urwalderde. Das richtige Einstreumaterial sollte immer vom Fachhandel gekauft werden. Keinesfalls sollt Erde von draußen verwendet werden, sie könnte Parasiten oder Keime enthalten.

Auch Einstreu aus dem Gartencenter sollte nicht verwendet werden, weil sie Schadstoffe, Pflanzenschutzmittel oder Dünger enthalten könnte. Im Tierhandel oder dem Internet finden sich viele passende Angebote.

Bei Waldbewohnenden Geckos eignet sich Humus, Kokosfaser oder Rinde. Humus und Kokosfaser gibt es oft dehydriert und gepresst in Ballenform. Hier genügt es einfach, der Packungsanleitung zu folgen. Der Ballen wird ins Wasser gelegt. Dort saugt er sich wieder mit Flüssigkeit voll und wird zu schöner, lockerer Erde. Nutzt man Erde als Einstreu, eignet es sich gut, anschließend etwas Rindenmulch darüber zu verstreuen.

Bei Wüstenbewohnern sollte ein Lehm-Sandgemisch verwendet werden. Loser Sand wird von einigen Tieren gefressen und kann zu schweren

Verstopfungen führen. Es gibt auch farbige Sandsorten zu kaufen. Einige Wüstenbewohnende Arten meiden Sand. Andere Arten buddeln gern. Hier ist es wichtig, dass der Bodengrund in den unteren Schichten leicht feucht ist, um ein optimales Klima zu ermöglichen. Eine leichte Feuchtigkeit ist zudem auch sinnvoll, da sie im Boden lebende Mikroorganismen unterstützt.

Verstecke und **Klettermöglichkeiten** sind für das Wohlergehen der Tiere ebenso wichtig. Diese sollten ebenfalls dem natürlichen Lebensraum nachempfunden sein. Steine wärmen sich in der Natur durch die Sonne auf und geben diese Wärme bis in die Nacht hin ab, daher sind sie für die wechselwarmen Geckos besonders wichtig. Die Tiere können sich so ideal an ihnen aufwärmen. Zudem regulieren sie die Temperatur des Terrariums bis in die Nacht hinein. Optisch ansprechende Steine finden sich im Fachhandel. Es kann aber auch auf Steine aus dem Garten zurückgegriffen werden. Sie sollte jedoch gereinigt werden.

Holz ist ebenso ein wichtiges und optisch schönes Einrichtungsobjekt. Im Fachhandel gibt es sehr dekorative Holzstücke wie Wurzeln, Äste und Rinde. Möchte man lieber selbst welches sammeln, so sollten nur ungiftige Pflanzen verwendet werden. Gut geeignet sind zum Beispiel alle Obstbaumsorten, Kiefer und Eiche. Jedoch sollte das Holz immer vor dem Einsetzten gut durchtrocknen. Die Menge der eingesetzten Dekostücke sollte dem natürlichen Lebensraum des Geckos entsprechen.

Ein Waldbewohnender Gecko benötigt weitaus mehr Kletter- und Versteckmöglichkeiten als ein Wüstenbewohnender. Wer echte Pflanzen verwenden möchte, sollte nur Pflanzen wählen, die mit den klimatischen Bedingungen im Terrarium zurechtkommen, keine Düngung benötigen und ungiftig sind. In einem Wüstenterrarium sind Sukkulenten wie Echeverie und Lithops geeignet, aber auch Agaven, einige Kakteenarten (Vorsicht! Keine mit Stacheln!) und vieles mehr. Das Gleiche gilt auch für Wald- und Tropenterrarien.

Ein weiterer wichtiger Einrichtungsgegenstand ist die sogenannte **Wetbox**. Eine Wetbox ist eine feuchte Höhle, in die sich der Gecko zurückziehen kann. Trächtige Weibchen und Geckos, die kurz vor der Häutung stehen, suchen sie besonders häufig auf. Auch Wüstenbewohnende Arten benötigen so einen Rückzugsort. An Wetboxen gibt es eine reiche und sehr dekorative Auswahl im Internet. Man kann sich aber auch leicht eine selbst bauen. Hierfür wird lediglich eine Plastikbox verwendet (zum Beispiel eine Eisdose). Die gut gesäuberte Box wird mit einem Loch für den Einstieg versehen. Das Loch sollte nicht zu groß sein und wird in den Deckel geschnitten. So hält sich so die Feuchtigkeit besser.

Die Plastikbox wird nun mit feuchten Moosen oder feuchter Einstreu gefüllt und an einen schattigen, ruhigen Ort im Terrarium gestellt. Natürlich muss sie alle Tage mal wieder neu befeuchtet werden. Wem eine Plastikdose nicht dekorativ genug ist, kann diese mit Rinden oder Steinen verdecken. Für manche Geckoarten ist aber auch eine trockene Höhle wichtig. Im Fachhandel findet sich auch hierfür genügend Auswahl. Ansonsten können Rindenstücke oder Steine so legt werden, dass sie eine stabile Höhle bilden. Es ist auch möglich, eine Kokosnussschale mit einer Öffnung als Einstieg zu versehen.

Auch, wenn die meisten Geckos Tautropfen trinken und Feuchtigkeit über die Haut aufnehmen können, darf eine **Wasserschale** nicht fehlen. Frisches Wasser sollte immer zur Verfügung stehen. Zudem helfen Wasserschalen den Terrarien, eine konstante Luftfeuchtigkeit zu halten.

Eine **Futterschale** ist bei der Haltung von Geckos nicht unbedingt vonnöten. Die flinken Echsen jagen gern und sollten daher auch die

Möglichkeit bekommen, sich ihr Futter selbst zu erbeuten. Eine Futterschale ergibt besonders bei Arten Sinn, die zusätzlich Früchte fressen. Es gibt auch spezielle Futterschalen mit einem aufsetzbaren Rand. Larven und Würmer können so nicht heraus und der Gecko kann sich einfach bedienen. Während des Urlaubs kann eine solche Schale sinnvoll sein.

TECHNISCHES EQUIPMENT

Da der Gecko aus einer anderen Klimazone kommt, ist auf ein paar technische Hilfsmittel nicht zu verzichten. In jedem Terrarium sollte eine Wärmequelle vorhanden sein. Hier gibt es drei Möglichkeiten. **Wärmelampen** geben Licht und Wärme an das Terrarium ab. Sie können auch direkt auf den Lieblingsplatz des Geckos oder einen Stein ausgerichtet werden. An diesen Plätzen kann sich das Reptil ideal aufwärmen. Zudem entstehen so verschiedenen Temperaturzonen.

Wärmestrahler ohne UV-Licht reichen besonders bei tagaktiven Arten als Lichtquelle nicht aus. Es muss ein zusätzlicher UV-Strahler angebracht werden. **UV-Licht** ist in der Sonne enthalten, die Tiere benötigen es, um körpereigene Vitamine zu bilden.

Damit der Terrariumbewohner auch nachts nicht frieren muss, gibt es einige technische Hilfsmittel. **Infrarotstrahler** geben kaum Licht, aber Wärme ab. Eine weitere Möglichkeit bieten auch **Heizsteine**. Sie unterscheiden sich kaum von echten Steinen. Ihr Vorteil ist es, dass Geckos die Gewohnheit haben, sich auf Steinen aufzuwärmen. So nutzen sie die Heizsteine dann auch oft nachts. Zudem kann die Verdauung durch die untere Wärme unterstützt werden. In ihnen befindet sich ein integriertes Thermoelement, dadurch bleibt die Temperatur gleich und die Steine überhitzen nicht.

Eine weitere und gern genommen Alternative ist die **Heizmatte**. Sie zählt zu den preiswertesten Möglichkeiten und sorgt für eine gleichmäßige Wärme im Terrarium. Die Heizmatte kann unter das Einstreumaterial gelegt werden oder an die Außenwand des Terrariums. Legt man sie unter das Einstreumaterial, sollte die Matte bei grabenden Arten durch eine zusätzliche Glasscheibe geschützt werden. Über diese Glasscheibe kann dann der gewünschte Bodengrund wie üblich gelegt werden.

Um einen Hitzestau zu vermeiden, sollte nicht zu viel Streu verwendet werden. Bei den meisten Geckoarten können die Heizgeräte über Nacht abgeschaltet werden. Die Zimmertemperatur reicht dann aus und kommt oft den klimatischen Begebenheiten ihres Lebensraumes am nächsten. Bei der Beleuchtung des Terrariums sollte bedacht werden, dass Reptilien ein weiteres Sehspektrum als Menschen haben. So sehen sie LEDs, die für uns ein angenehmes weißes Licht ausstrahlen als stark farbig (türkis). Daher sind LEDs eher ungeeignet. Klassisch werden oft **Leuchtstoffröhren** benutzt.

Idealerweise sollten nur **UVA- und UVB-Strahlen** verwendet werden. Die empfohlene Beleuchtungsdauer liegt bei 10 bis 12 Stunden. **Energiesparlampen** können auch verwendet werden. Allerdings sind sie oft eher unpraktisch, da sie Blenden benötigen. Sie lassen sich auch nicht so gut „verstecken" wie Leuchtstoffröhren. Einige Terrarianer schalten nachts ein künstliches Mondlicht ein, nachtaktive Geckos können aber auch hervorragend ohne künstliches Mondlicht sehen. Der Leopardgecko nimmt das für uns bläuliche Licht zum Beispiel als weiß wahr. Künstliches Licht in der Nacht ist unnatürlich und stört den natürlichen Tag-Nacht-Rhythmus.

Ein praktisches Element ist die **Zeitschaltuhr**. Mit einer Zeitschaltuhr lassen sich die technischen Geräte des Terrariums steuern. Es wird eine Zeit eingestellt, zu der sich Licht oder Heizelemente an- und wieder ausschalten. Dadurch können die Tiere einen regelmäßigen und natürlichen Tag-Nacht-Rhythmus erleben. Besonders in der Urlaubszeit kann dies sehr praktisch sein. Um gegen Überhitzung zu schützen, gibt es auch praktische Kombigeräte wie den Thermo Contol Pro 2. Er verfügt über ein Thermostat und eine Zeitschaltuhr. Sie stellt das Wärmeelement rechtzeitig ab.

Ein **Thermo- und Hygrometer** sollten in keinem Terrarium fehlen. Das Thermometer dient zur Kontrolle der Temperatur. Das Hygrometer kontrolliert die Luftfeuchtigkeit. In einem Trockenterrarium ist das Hygrometer nicht zwingend erforderlich.

REINIGUNG

Die Hygiene im Terrarium ist sehr wichtig. Sie verhindert, dass unangenehme Gerüche entstehen und Keime oder Parasiten sich ungehindert verbreiten. Zu den täglichen Arbeiten zählt das Entfernen von Futter- oder Obstresten. Die Futter- und Trinkschale sollte ebenfalls regelmäßig gereinigt werden. Kot und Urinreste können, wenn sie frisch sind, beispielsweise mit Küchenpapier entfernt werden, bereits getrockneten Reste an Einrichtungsgegenständen mit etwas Wasser.

Schmutz am Bodengrund wird am besten mit einer Substratschaufel entfernt. Nach der Häutung kann es sein, dass sich noch Hautreste im Terrarium befinden. Diese sollten auch entfernt werden. Hierfür eignet sich am besten eine Pinzette. Wöchentlich sollte eine größere Reinigungsaktion eingeplant werden, in der auch die Terrarienwände gereinigt werden. In der Regel reicht es, für das Reinigen heißes Wasser zu benutzen, keinesfalls dürfen scharfe oder ätzende Reinigungsmittel verwendet werden.

Jedes Reinigungsmittel sollte lebensmittelecht sein. Es wird empfohlen, einmal im Jahr das gesamte Terrarium zu leeren und komplett zu reinigen, das Einstreumaterial sollte dabei ausgetauscht werden. Der ideale Zeitpunkt hierfür ergibt sich, wenn der Gecko Winterruhe hält.

Aber nicht nur die Hygiene im Terrarium ist wichtig, oft vergessen wir, dass sich auf unseren Händen viele Keime tummeln. Bevor in das Terrarium gegriffen wird, sollten die Hände gründlich gewaschen werden.

ERNÄHRUNG

Die meisten Geckos ernähren sich insektivor. Das heißt, dass sie sich ausschließlich von Insekten ernähren. Es gibt aber auch Arten, die sich omnivor ernähren, also Allesfresser sind. Sie benötigen zusätzlich pflanzliche Kost, Früchte sind dabei besonders beliebt. Zitrusfrüchte sollten gemieden werden, da sie zu viel Säure enthalten. Obst aus Konservendosen sollte ebenfalls nicht verfüttert werden, da es zu viel Zucker enthält. Besonders gern genommen werden Bananen, Feigen, Pfirsich, Aprikosen, Mangos und Papayas. Die Früchte dürfen dabei auch gern etwas überreif sein.

Am besten wird darauf geachtet, was der neue Terrarienbewohner gern frisst, da kein Tier gleich ist. Das Obst kann zu einem Fruchtbrei zerquetscht werden. Auch geriebene Gurke und Karotte eignen sich gut zum Verfüttern. Im Fachhandel werden auch sogenannte Jellys angeboten. Das sind spezielle Frucht-Vitamingelees. Sie enthalten schon alles, was ein Gecko so braucht, und es gibt sie in verschiedenen Geschmacksrichtungen. Jellys gibt es auch für fleischfressende Geckos, sie enthalten Insekten. Da der Gecko aber ein fähiger Jäger ist, freut er sich auch, sein Futter selbst jagen zu können. Im Fachhandel ist die Auswahl groß.

Die gängigen Futtertiere sind Heimchen, Grillen, Grashüpfer, Fliegen, Heuschrecken, Wachsmaden, Schaben, Mehlwürmer, Rosenkäferlarven, Schwarzkäferlarven und Zophobas. Hier gibt es für jeden Gecko das Richtige. Viele Insekten gibt es dort in verschiedenen Größen, so können auch kleine Geckos etwas in der passenden Größe finden. Manche Insekten sind reichhaltiger als andere und sollten daher seltener verfüttert werden. Besonders reichhaltig sind Mehlwürmer, Wachsmottenlarven, Zophobas, Rosenkäferlarven und Schwarzkäferlarven.

Die richtige Futtermenge ist entscheidend, denn ein Gecko kann auch überfüttert werden. Jungtiere, trächtige Weibchen und Tiere, die ihren Schwanz verloren haben, dürfen aber so viel fressen, wie sie wollen. Es gibt keine einheitliche Regelung, wie oft gefüttert werden sollte. Die meisten Besitzer bieten zwei bis dreimal die Woche Futter an. Es sollte nur so viel gegeben werden, wie in wenigen Minuten gefressen werden kann. Sobald er satt ist und verdaut, sollten Grillen und auch andere Insekten entfernt werden und nicht für längere Zeit im Terrarium verbleiben. Herumstreunende Insekten könnten sonst Stress für den Gecko bedeuten. Im schlimmsten Fall könnten sie ihn im Schlaf anknabbern. Gefüttert wird auch nur, wenn das Tier wach ist. Tagaktive Tiere werden tagsüber gefüttert und nachtaktive Tiere zum Beispiel am Abend.

An dem Schwanz lässt sich gut erkennen, ob ein Gecko zu dick oder zu dünn ist. Je dicker der Schwanz ist, desto besser ist das Tier genährt. Ist ein Gecko zu dick, besteht die Gefahr zu erkranken. Sie können sogar daran versterben. Der Schwanz sollte nur etwas dicker sein als der Schwanzansatz.

FUTTERTIERE

Möchte man sich einen Gecko anschaffen, sollte immer bedacht werden, dass der Umgang mit lebendigen Insekten unumgänglich ist. Besonders Grillen zirpen gerade nachts schon einmal recht laut.

Besonders geeignet sind daher Steppengrillen. Sie zirpen etwas leiser als andere Grillenarten und können auch nicht ganz so hochspringen. Argentinische Waldschaben eignen sich oft auch besser als zum Beispiel heimische Schabenarten, weil sie glatte Flächen nicht hochrennen können und sich nur bei hohen Temperaturen vermehren. Falls also mal eine entflieht, kann sie sich nicht weiter vermehren. Möchte man Insekten selbst fangen und verfüttern, so eignen sich Spinnen besonders gut. Die meisten Geckos jagen Spinnen besonders gern.

Die wenigsten Geckobesitzer können eine ganze Futtertierbox mit einer Fütterung leeren. Die Insekten bleiben dadurch oft noch Wochen vorrätig, bis sie verfüttert werden. Der Tierhandel gibt den Futterinsekten keine Nahrung in ihre Box. Dort haben sie schon oft mehrere Tage oder länger nichts zu fressen und keine Flüssigkeit bekommen.

Um ein vorschnelles Versterben zu vermeiden und den Nährstoffgehalt des Insektes aufzuwerten, ist es sinnvoll, den Insekten etwas Futter in ihre Box zu legen. Geeignet ist fast alles, zum Beispiel Haferflocken. Karotten-, Gurken- oder Obstscheiben werden auch sehr gern genommen. So nehmen sie Flüssigkeit auf. Es sollte keine Wasserschale hineingestellt werden.

Für Einsteiger kann der Umgang mit Insekten schon einmal unangenehm sein. Besonders Grillen, Heuschrecken und Grashüpfer sind durch ihre Springkünste recht schwierig am Ausbrechen zu hindern. Ist man noch unsicher im Umgang, kann es hilfreich sein, die Insekten samt Behälter für ein paar Minuten in den Kühlschrank zu stellen. Die Kälte macht sie für einige Zeit langsam, sodass das Arbeiten erleichtert wird. Wenn man sie nicht mit der

Hand berühren möchte, kann eine Futterpinzette Abhilfe schaffen.

FUTTERZUSÄTZE

Ein Muss bei der Geckohaltung sind Futterzusätze. Dies geschieht am besten über Mineral und Vitaminpulver. Alternativ haben Jellys auch einen Mineral- und Vitaminzusatz und können daher als Hauptfutter verfüttert werden. Eine natürliche Ernährung über lebendige Futterinsekten ist aber besser. Die Insekten können einfach mit dem Pulver bestreut werden.

Hierfür eignet sich ein hohes Behältnis, zum Beispiel eine Plastikbox. In die Box wird ein halber Teelöffel des Zusatzpulvers hineingegeben. Anschließend wird die gewünschte Anzahl an Insekten hineingesetzt. Der Behälter wird so geschwenkt, dass sich eine dünne Puderschicht auf die Insekten legt. Die Fütterung sollte anschließend zügig erfolgen, da sich die Insekten die Puderschicht sonst wieder abputzen.

Zusätzlich sollte auch immer eine Kalziumquelle im Terrarium vorhanden sein. Eine Schale mit Kalziumpulver eignet sich gut. Hierbei sollte darauf geachtet werden, diese nicht direkt neben die

Wasserschale zu stellen. Das Pulver könnte sonst schlammig werden. Alternativ kann auch etwas Vogelgrit oder klein gemörserte Sepiaschale im Terrarium verteil werden. Sepiaschalen werden nicht von allen Geckos gleich angenommen.

HÄUTUNG

Der Gecko häutet sich wie jedes Reptil regelmäßig. Im Wachstum finden Häutungen öfter statt, da die Haut nicht mitwächst und somit schnell zu klein wird. Er wächst aus seiner Haut heraus. Somit häuten sich junge Tiere öfter als adulte. Wie oft sich ein Gecko häutet, ist teilweise von der Rasse abhängig, jedoch kann man ca. alle zwei Wochen mit einer Häutung rechnen. Ihr Beginn zeigt sich oft daran, dass die Haut heller und milchig wird.

Für eine erfolgreiche Häutung ist die Luftfeuchtigkeit entscheidend. Geckos in Trockenterrarien benötigen daher eine Wetbox. Raue Gegenstände wie Steine oder Hölzer helfen zusätzlich, die alte Haut loszuwerden. In der Regel dauert die Häutung nur einen Tag, dabei wird die abgeworfene Haut gefressen. Sie bringt zusätzliche Nährstoffe wie Protein. Gibt es Probleme bei der Häutung, kann es daran liegen, dass die Luftfeuchtigkeit oder die Wetbox zu trocken ist (eine Wetbox sollte nie nass sein, nur feucht). Es kann aber auch an einer falschen Vitaminversorgung oder Stress liegen.

Bleiben Hautreste an den Extremitäten, Zehen oder dem Schwanz zurück, sollten diese entfernt werden. Sonst besteht die Gefahr, dass die zu kleine Haut die Blutversorgung abschnürt. Es gibt Geckos, die dadurch Gliedmaßen verloren haben. Um Hautreste zu entfernen, werden sie befeuchtet und sanft abgezogen oder leicht abgerubbelt. Es sollte dabei darauf geachtet werden, das Tier nicht zu sehr zu stressen. Im Zweifelsfall hilft hier auch der Tierarzt.

Bei Geckos häuten sich die Augen mit. Öffnet ein Gecko das Auge nicht mehr, kann es daran liegen, dass ein altes Hautstück noch nicht richtig abgegangen ist.

WINTERRUHE

Geckos verfallen in keine Kältestarre, wie man es von Amphibien kennt, sie machen auch keinen Winterschlaf wie manche Säugetiere. Viele Geckos halten eine Winterruhe, das heißt, dass sie eine stark verringerte Aktivität zeigen. Der Herzschlag verlangsamt sich und der Stoffwechsel wird heruntergefahren. Es kann vorkommen, dass sich Tiere in der Winterruhe häuten oder zu der Wasserschale gehen. Geckoarten, die aus den Tropen stammen, halten keine Winterruhe. Es ist lediglich auf die natürlichen Lebensbedingungen des Geckos zu achten. Allerdings kann es bei vielen tropischen Arten sinnvoll sein, eine leichte Änderung der Tages- und Nachtzeiten sowie leichte Veränderungen der Temperatur und Luftfeuchtigkeit vorzunehmen.

Arten, die Winterruhe halten, wie der Leopardgecko, profitieren ganz klar von einer Winterruhe. Sie sind gesünder und leben länger. Der Körper hat in der Winterruhe Zeit zum Regenerieren, die Weibchen können sich von der Eiablage erholen, selbst das Paarungsverhalten wird von der Winterruhe beeinflusst, da es nach ihr beginnt. Auch läuft die Trächtigkeit der Weibchen nach einer Winterruhe problemloser.

Es sollten nur Geckos Winterruhe halten, die gesund sind. Haben sie kurz zuvor ihren Schwanz abgeworfen, dürfen sie nicht in die Winterruhe. Sie könnten sonst verhungern. Ein Check-up beim Tierarzt mit Kotprobe ist ebenfalls zu raten. Der Gecko sollte vor der Winterruhe gut genährt sein, jedoch 2 Wochen davor nicht gefressen haben. Im Darm dürfen sich keine Kotrestebefinden, sie könnten sonst gären, was tödlich endet. Die Eiablage bei weiblichen Geckos sollte zudem mindestens 6 Wochen her sein. Entscheidend für eine erfolgreiche Winterruhe ist eine Temperatur von 12 bis 15 Grad, nur ab 15 Grad verlangsamen sich die Körperfunktionen ausreichend. Es besteht sonst die Gefahr, dass der Gecko verhungert. Am besten setzt man das Tier während der Überwinterung in eine separate Box, diese kann wie eine Quarantänebox eingerichtet sein. Es sollte Tageslicht hereinkommen können. Sie sollte ruhig stehen und frei von störenden Einflüssen sein.

Um eine Winterruhe einzuleiten, müssen die Einflüsse stimmen. Temperaturen und Licht sollten nach und nach verringert werden. Es bietet sich an, die Winterruhe des Geckos im Herbst bis Spätherbst einzuleiten. Mit der Zeit wird der Gecko weniger aktiv und sich immer öfter in die Wetbox zurückziehen. Die Temperaturen sollten innerhalb von 2 Wochen nach und nach reduziert werden, bis auf ca. 12 Grad Celsius.

In der ersten Woche können die Geckos noch im Terrarium bleiben, in der 2 Wochen ziehen sie dann in eine Plastikbox. Diese sollte eine Wasserschale, eine Wetbox, etwas Kalzium und natürlich Luftlöcher enthalten. Als Bodengrund eignet sich Küchenrolle. Sobald die Temperaturen 12 °C betragen, fallen die Geckos in die Winterruhe. Sie dauert ca. 12 Wochen. Nach dieser Zeit können die Temperaturen von 12 °C langsam wieder auf 20 °C hochgefahren werden. Anschließend werden die Tiere wieder ins Terrarium gesetzt. Dort werden Temperatur und Licht nach und nach wieder erhöht. Die Futtergabe sollte mit nur geringen Mengen beginnen, eine Fütterung pro Woche ist hier erst einmal ausreichend. Die Abstände können dann mit der Zeit wieder verringert werden.

Hat man keinen Raum unter 15 Grad, kann ein Inkubator Abhilfe schaffen. Bei mehreren Tieren kann sich auch die Anschaffung eines Kühlschrankes mit Thermostat lohnen. Der Kühlschrank sollte jedoch noch mit Luftlöchern und kleinem Ventilator versehen werden. Es kann auch vorkommen, dass der Gecko die Winterruhe von sich aus einleitet. In diesem Fall kann im Nachhinein durch Anhalten der Futtergabe und Reduzierung der Temperatur nachgeholfen werden.

Fortpflanzung

Viele Geckoarten lassen sich ohne große Probleme nachzüchten. Grundvoraussetzung bei der Zucht sind ausreichend Platz für die Neuankömmlinge und ausreichend Zeit. Es sollten auch Tierarztkosten einberechnet werden, da es bei den Weibchen während der Trächtigkeit und Eiablage zu Komplikationen kommen kann.

Viele Arten sind bereits ab 6 Monaten geschlechtsreif. Junge Weibchen sollten aber noch nicht verpaart werden, um Komplikationen, die bis zum Tod führen können, zu vermeiden. Möchte man keinen Nachwuchs, jedoch eine Gruppe halten, so bietet es sich an, Tiere des gleichen Geschlechtes zusammenzubringen.

GESCHLECHTSBESTIMMUNG

Das Geschlecht der Tiere lässt sich am besten im Erwachsenenalter bestimmen, bei Jungtieren ist die Unterscheidung sehr schwierig. In der Regel kann nach 8 bis 12 Monaten das Geschlecht eindeutig bestimmt werden. Natürlich gibt es auch hier von Art zu Art Unterschiede.

Männchen lassen sich daran erkennen, dass sie größer sind als die Weibchen und oft auch farbintensiver. Der Schwanzansatz weist bei den Männchen eine Verdickung bis hin zu einer Beule auf, außerdem haben sie an den Innenseiten der Hinterbeine bis über der Kloake ausgeprägtere Präanalporen. Diese ähneln häufig größeren Schuppen.

PAARUNG

Geckos, die Winterruhe halten, beginnen die Paarung nach der Winterruhe. Das Männchen versucht, sich dem Weibchen zu nähern. Das kann von Art zu Art unterschiedlich aussehen, manche Arten „vibrieren" mit ihrem Schwanz, andere nähern sich mit einer Drohbalz.

Wann die Paarung stattfinden soll, entscheidet aber immer das Weibchen. Das Männchen beißt das

Weibchen ins Genick oder in die Seite und zieht es zu sich. Er besteigt das Weibchen oder begattet es seitlich mit seinem Hemipenis. In der Regel dauert eine solche Paarung 20 Minuten und wiederholt sich öfter. Die Weibchen haben eine Vorrichtung, in der sie das Sperma der Männchen speichern können. Dadurch kann ein Weibchen auch später noch ohne Männchen 2 bis 4 Gelege befruchten.

TRÄCHTIGKEIT UND EIABLAGE

Das Weibchen ist je nach Art 25 bis 30 Tage trächtig. In dieser Zeit und auch danach sollte sie ein breites Spektrum an Futter erhalten. Sie sollte so viel fressen dürfen, wie sie möchte. Bei Weibchen größerer Geckoarten eignen sich auch Babymäuse gut. Eine Trächtigkeit lässt sich oft an dem zunehmenden Bauchumfang des Weibchens erkennen.

Gegen Ende der Trächtigkeit ist es oft auch möglich, die Eier durch die dünne Haut schimmern zu sehen. Ein Gecko legt in der Regel 1 bis 3 Eier pro Gelege ab. Bei fast allen Arten kommt es in einer Saison schon einmal zu mehreren Eiern. Kurz vor der Eiablage kann der Bauchraum unförmig wirken. Manchen Geckoweibchen sieht man jedoch die Trächtigkeit nicht an.

Ist die Zeit der Trächtigkeit überschritten, sollte ein Tierarzt konsultiert werden. Es könnte zu einer Legenot kommen, die oft tödlich endet. Ursachen für eine Legenot sind vielseitig. Bei jungen Weibchen kann es an einem noch zu schmalen Becken liegen, aber auch Stress, zu niedrigen Temperaturen, nicht genügend Rückzugsmöglichkeiten oder unzureichende Legeplätze können ein Grund sein. Im schlimmsten Fall kann nur noch eine Operation helfen.

Geckos bevorzugen dunkle Orte für die Eiablage. Das Weibchen sucht den besten Platz für die Eier aus. Bei manchen Arten wie dem Steppenbewohnenden Leopardgecko ist die Wetbox dabei unablässig. Es sollten ausreichend von ihnen vorhanden sein und idealerweise mit verschiedenen Sorten an Einstreu ausgestattet. Der Leopardgecko vergräbt seine Eier. Andere Arten, wie der Baumbewohnende Lygodactylus, kleben ihre Eier an dem Untergrund fest. Frisch geschlüpfte Jungtiere werden von den adulten Tieren oft als Beute angesehen und sollten daher gesondert gehalten werden. Eine Inkubation ist auch sinnvoll, da sich die Tiere so unter kontrollierten Bedingungen entwickeln können.

INKUBATION DER EIER

Ein Inkubator ist ein Brutkasten. In ihm können Eier bei kontrollierten Temperaturen reifen. Es gibt Inkubatoren speziell für Reptilien. Die Kosten gehen ab 80 € aufwärts. Bei den meisten Geckoarten ist die Temperatur in den ersten 20 bis 30 Tagen entscheidend darüber, welches Geschlecht das Tier später bekommt. Bei dem Leopardgecko entwickeln sich bei Temperaturen von 25 bis 26 °C nur Weibchen. Temperaturen von 29 bis 31 °C bringen Weibchen und Männchen hervor.

Die Eier können im Inkubator komplett ausgebrütet werden. Wer jedoch die Bedingungen natürlicher gestalten möchte, kann die Eier auch nach 5 bis 6 Wochen in einen speziellen Lichtkasten geben und diesen dann in ihr zukünftiges Terrarium setzten. In dem Terrarium sollten die Temperaturen angepasst sein, in der Nacht darf es dabei ruhig etwas kälter werden. Manchmal legen Geckos auch unbefruchtete Eier ab, diese fallen dann nach einiger Zeit einfach ein. Hierbei handelt es sich um sogenannte Wachseier. Solche Eier sollten immer entsorgt werden, da sie sonst verderben würden und die befruchteten Eier in Gefahr bringen könnten.

Wer sich keinen Inkubator kaufen möchte, kann selbst einen bauen. Hierfür sind nur wenige Dinge notwendig. Benötigt wird ein wasserdichtes Behältnis, das groß genug ist für einen Aquarienheizstab. Das Behältnis kann zum Beispiel ein altes Terrarium oder Aquarium sein, ein Styroporbehälter würde aber auch gehen. An dem Heizstab wird die entsprechende Temperatur eingestellt, anschließend legt man ihn auf den Grund des Beckens und befüllt es mit ca. 15 bis 20 cm warmem Wasser. Darüber wird eine durchlässige Barriere angebracht. Sie sollte sich über der Wasseroberfläche befinden und stabil genug sein, um die Eier zu tragen.

Ein Metallgitter eignet sich gut. Es verhindert, dass die Eier später im Wasser schwimmen. Wichtig ist, dass die Feuchtigkeit aus dem unteren Bereich nach oben steigen kann. Auf das Gitter kommt ein Behältnis. Hier eignet sich eine Futtertierbox, zum Beispiel eine Heimchenbox aus Plastik. Die Box sollte gut gesäubert und mit Brutsubstrat (zum Beispiel Vermiculit) gefüllt werden. Auf das Substrat werden die Eier gelegt.

Die Box muss Luftlöcher haben. Bei einer Futtertierbox sind bereits Luftlöcher da. Wichtig ist, dass sich die Luftlöcher an der Seite befinden, damit kein Kondenswasser von oben auf die Eier tropft. In der

Nähe der Eier sollte noch zusätzlich ein Thermometer angebracht werden, um die tatsächliche Lufttemperatur zu messen. Am Ende wird der selbst gebastelte Brutapparat noch überdeckt. Das verhindert ein unnötiges Entweichen der Hitze und Feuchtigkeit. Es sollten aber auch hier wieder Luftlöcher vorhanden sein.

AUFZUCHT DER JUNGTIERE

Geckos sind ab dem ersten Tag komplett selbstständig und werden nicht von den Elterntieren versorgt. Ist ein Jungtier geschlüpft, so kann es noch ein bis zwei Tage dauern, bis das zweite schlüpft. Sie sollten dann in ein spezielles Aufzucht-Behältnis gesetzt werden. Eine spärliche Einrichtung sollte bevorzugt werden, ähnlich wie in einem Quarantänebehältnis. Etwas Küchenrolle als Bodengrund eignet sich dabei gut und ist auch hygienischer. Ansonsten sollte eine Versteckmöglichkeit angeboten werden. Das kann eine Höhle oder bei Baumbewohnenden Arten eine Pflanze sein.

Plastikpflanzen sind praktisch, da sie sich besser Reinigen lassen und die Jungtiere noch sehr Keimanfällig sind. Die ersten Tage ernährt sich der frisch geschlüpfte Gecko noch vom Dotter. Häutet er sich, das kann so nach drei bis fünf Tagen geschehen, verliert er den Dottersack und es darf nun gefüttert werden. Bei der Auswahl des Futters sollte darauf geachtet werden, dass der kleine Gecko seine Beute auch bewältigen kann. Mikroheimchen und kleine Fliegenarten sind gut geeignet. Die kleine und spärlich eingerichtete Aufzuchtbox hat auch den Vorteil, dass die Jungtiere es einfacher haben, ihre Beute zu fangen. Nach zwei bis drei Wochen kann das Jungtier dann in ein etwas größeres Aufzuchtbecken gesetzt werden. Bei tagaktiven Arten ist UV- beziehungsweise Sonnenlicht besonders wichtig.

Die beliebtesten Geckoarten

Es gibt viele verschiedene Geckoarten. Die Haltung und Ansprüche können dabei sehr unterschiedlich sein. Daher sollte man sich vor dem Kauf genau informieren. Einige Arten können nur mit gesetzlichen Auflagen erworben werden. Es folgt eine Auswahl an beliebten Geckoarten, die leicht zu halten und ohne gesetzliche Auflagen erworben werden können. Hierbei steht der Leopardgecko unangefochten auf dem ersten Platz. Er ist wie auch der Viperngecko besonders für Anfänger geeignet.

Der Kronengecko gehört ebenfalls durch seine unkomplizierte Haltung zu einem der Spitzenreiter. Der große Taggecko beeindruckt vor allem durch seine intensiven Farben und ist wie der Zwerggecko ein beliebtes Terrarientier. Zwerggeckos wie der Gelbkopf-Zwerggecko sind besonders für Halter geeignet, die nur wenig Platz zur Verfügung haben.

DER LEO-PARDGE-CKO	Er kann sehr zahm werden. Er ist ein Augentier, das bedeutet, er erkennt Fressfeinde und Beutetiere mit seinen Augen. Im Gegensatz zu vielen anderen Geckoarten hat er Lider und kann seine Augen schließen.
Art	Eublepharis macularius
Haltung	unkompliziert
Körperlänge	10 bis 13 cm
Aussehen	Helle Grundfärbung mit dunklen Flecken, die Farbvariationen sind sehr vielfältig. Die Zehen besitzen Krallen, keine Haftlamellen und die Haut besitzt leichte höckerige Erhebungen.

Lebenserwartung	20 Jahre
Verbreitung	Irak, Iran, Turkmenien, Afghanistan
Lebensraum	Trockengebiete, Steppen
Lebensweise	Ein nachtaktiver Einzelgänger, der sich aber auch in der Gruppe halten lässt. Bei gemischten Gruppen muss der Weibchen-Anteil immer wesentlich höher ausfallen.
Terrariengröße	Für ein Tier liegt die Mindestgröße bei 60 × 45 × 30 cm (Länge × Höhe × Breite).
Einrichtung	Der Bodengrund sollte aus einem Sand-Lehmgemisch oder Stein sein. Einrichtungsgegenstände sind Höhlen, Steine, Wetbox, ggf. auch Pflanzen (Sukkulente, Kakteen ohne Stachel).
Ernährung	Insektivor, also eine ausschließlich fleischliche Ernährung.
Temperatur	Tagestemperatur von 28 bis 35 °C; nachts bis 20 °C

Luftfeuchtigkeit	Am Tage 40 bis 50 %, in der Nacht 50 bis 70 %
Winterruhe	Beginnt im November, das Gewicht des Geckos sollte zu Beginn nicht unter 60 bis 70 Gramm liegen. Ab Mitte Januar kann die Winterruhe enden.
Trächtigkeit	2 Eier, Trächtigkeitsdauer ca. 4 Wochen
Inkubations-temperaturen	25 bis 27 °C für Weibchen, die Dauer beträgt 70 bis 90 Tage. 28 bis 30,5 °C für weibliche und männliche Tiere, die Dauer beträgt 40 bis 60 Tage. 31 bis 32 °C für Männchen, die Dauer beträgt 35 bis 40 Tage. 32,5 bis 33 °C für weibliche Tiere, die Dauer beträgt 30 bis 35 Tage bis zum Schlupf.

DER KRONEN-GECKO	Er lebt in den Blättern von Bäumen und galt lange als ausgestorben. Mittlerweile zählt er zu den Geckos, die am häufigsten nachgezüchtet werden.
Art	Correlophus ciliatus
Haltung	einfach
Körperlänge	bis 22 cm
aussehen	Er besitzt Krallen und hat Haftlamellen an Zehen und Schwanzspitze. Seine kronenähnlichen Auswucherungen gehen vom Kopf bis zum Nacken. Er kommt in den Farben Gelb, Orange, Beige, Rot, Braun und Schwarz vor.
Lebenserwartung	10 bis 20 Jahre
Verbreitung	Neukaledonien
Lebensraum	Regenwald
Lebensweise	Nachtaktiver Einzelgänger, der auch in der Gruppe gehalten werden kann. Es dürfen nie mehrere Männchen zusammengebracht werden! → Haremshaltung

Terrarien-größe	Für ein einzelnes Tier gilt eine Mindestgröße von 50 × 50 × 80 cm (Länge × Breite × Höhe). Bei einem Männchen und 2 Weibchen min. 60 cm Länge, 60 cm Breite und 100 cm in der Höhe.
Einrichtung	Für den Bodengrund kann Kokoshumus, ungedüngte Erde, Moos verwendet werden. Er benötigt ausreichende Versteckmöglichkeiten, gut geeignet sind Äste, Rinde, Wurzeln, Höhlen, Pflanzen (bspw. Efeututen, Ficus-Arten, Bogenhanf, Drachenbaum).
Temperatur	25 bis 29 °C am Tage, nachts 22 bis 23 °C
Luftfeuchtigkeit	Tagsüber nicht unter 60 %, nachts über 80 %
Ernährung	Sie ernähren sich von kleinen Insekten und überreifen Früchten.
Winterruhe	Hält keine Winterruhe, es sollte aber im Winter eine Temperaturveränderung stattfinden, kürzere Lichtphasen und Temperaturen von 22 bis 25 °C am Tag und nachts 18 bis 20 °C.

Trächtigkeit	2 Eier, Trächtigkeitsdauer 4 bis 6 Wochen
Inkubation	Die Temperatur sollte 21 bis 28 °C, bei einer 90 prozentigen Luftfeuchtigkeit betragen. Nach 60 bis 120 Tagen schlüpfen die Jungtiere.

DER GROßE TAGGE-CKO	Er zählt zu den größten Geckoarten und ist wegen seiner satten Farbgebung besonders beliebt. Er wird schon seit vielen Generationen in der menschlichen Obhut gezüchtet.
Art	Phelsuma grandis
Haltung	einfach
Körperlänge	25 bis 30 cm
Aussehen	Sie besitzen Haftlamellen, die Grundfärbung ist kräftig grün mit roten Flecken, der Bauch und die Unterseite der Beine sind weiß bis gelblich.
Lebenserwartung	20 Jahre
Verbreitung	Madagaskar
Lebensraum	Regenwald
Lebensweise	Der tagaktive Gecko kann allein, als Pärchen oder in der Gruppe mit nur einem Männchen gehalten werden.
Terrariengröße	Die Maße betragen: 90 cm Länge, 90 cm Breite, 160 cm Höhe für ein Einzeltier.

Einrichtung	Für den Bodengrund kann Kokoshumus, ungedüngte Erde, Moos verwendet werden. Er benötigt ausreichende Versteckmöglichkeiten, gut geeignet sind Äste, Rinde, Wurzeln, Höhlen, Pflanzen (bspw. Efeututen, Ficus-Arten, Bogenhanf, Drachenbaum).
Temperatur	Tagsüber sollte die Temperatur 25 bis 28 °C, an Sonnenplätzen bis zu 35 °C betragen. In der Nacht kann sie bis auf 20 bis 23 °C fallen.
Luftfeuchtigkeit	Die Luftfeuchtigkeit beträgt 50 bis 70 % am Tag und 80 bis 90 % in der Nacht.
Ernährung	Er ernährt sich von Insekten und Früchten.
Winterruhe	Es wird keine Winterruhe gehalten.
Trächtigkeit	Legt 2 Eier, die Trächtigkeitsdauer beträgt 25 Tage.
Inkubation	Bei 28 bis 29 °C beträgt die Zeit bis zum Schlupf 52 bis 58 Tage, allerdings kann es auch länger dauern.

DER GELB-KOPF-ZWERGGE-CKO	Er ist einer von vielen Zwerggeckoarten, die besonders durch die platzsparenden Terrarien immer beliebter werden.
Art	Lydodactylus picturatus
Haltung	einfach
Körperlänge	8 bis 9 cm
Aussehen	Männchen haben eine blaugraue bis graue Färbung, Kopf und Schulterpartie sind auffallend gelb gefärbt. Die Weibchen haben einen braunen bis blaugrauen Körper und meist auch einen gelben Kopf. Haben die Tiere Stress, wie bei Auseinandersetzungen, wechselt ihre Farbe bis ins Tiefbraune. Sie besitzen Haftlamellen an Zehen und Schwanz.
Lebenserwartung	5 bis 10 Jahre
Verbreitung	Tansania, Südsudan, Somalia, Kenia, Uganda

Lebensraum	Küstenregionen und feuchte Wälder
Lebensweise	Der tagaktive Gecko kann allein, als Pärchen oder in der Gruppe mit nur einem Männchen gehalten werden.
Terrariumgröße	Bei der Haltung eines Paares sind die Mindestmaße 40 cm × 40 cm × 50 cm (Länge × Breite × Höhe).
Einrichtung	Sie benötigen ein Bodengemisch aus Sand und Erde, eine Kletterwand aus Kork sowie Äste, Wurzeln oder Rinde und Pflanzen (bspw. Efeututen, Ficus-Arten, Bogenhanf, Drachenbaum).
Temperatur	Tagsüber sind Temperaturen von 25 bis 32 °C einzuhalten und nachts 18 bis 22 °C.
Luftfeuchte	Die Luftfeuchtigkeit sollte 45 bis 70 % betragen.
Ernährung	Insekten und Früchte stehen auf ihrem Speiseplan.

Winterruhe	Im Sommer sollte eine Lichtbestrahlung von 12 Stunden und im Winter von 6 Stunden gegeben sein. Sie halten keine Winterruhe.
Trächtigkeit	Sie legen 2 Eier nach einer Tragzeit von 45 bis 60 Tagen.
Inkubation	Die Inkubationstemperaturen betragen 27 bis 29 °C, die Jungtiere schlüpfen nach 45 Tagen.

DER RÜBEN-SCHWANZ-VIPERNGECKO	Er erzeugt bei Erregung mit seinem Schwanz ein Viper-artiges Geräusch. Seine Haltung ist sehr einfach. Er ist zudem ein friedliches Reptil, dass gut mit seinen Artgenossen auskommt.
Art	Hemidactylus imbricatus
Haltung	einfach
Körperlänge	bis 10 cm
Aussehen	Sie besitzen goldgelbe Augen, der Körper ist weiß-grau-braun gescheckt und sein Schwanz erinnert an eine Rübe.
Lebenserwartung	10 Jahre
Verbreitung	Pakistan
Lebensraum	Wüsten und Halbwüsten
Lebensweise	Der nachtaktive Gecko sollte in Gruppen gehalten werden, es können auch mehrere

	Männchen in einer Gruppe sein. Der Weibchen-Anteil sollte immer überwiegen.
Terrrariengröße	Die Mindestgröße beläuft sich auf 50 × 30 × 30 cm (Länge × Breite × Höhe).
Einrichtung	Der Bodengrund sollte aus einem Lehm-Sandgemisch mit hohem Felsenanteil bestehen. Eine Felsrückwand ist bei dieser Art besonders beliebt.
Temperatur	Tagsüber sollte die Temperatur 25 bis 32 °C und nachts 20 bis 24 °C betragen.
Luftfeuchtigkeit	Die Luftfeuchtigkeit sollte am Tage 40 % und nachts 60 % betragen.
Ernährung	Er ernährt sich rein insektivor, also von Insekten.
Winterruhe	Beginnt im November, das Gewicht des Geckos

	sollte zu Beginn nicht unter 60 Gramm liegen. Ab Mitte Januar kann die Winterruhe enden.
Trächtigkeit	Gelegt werden 2 Eier, die Trächtigkeit dauert 30 Tage.
Inkubation	Die Temperaturen sollten bei 26 °C liegen. Die Jungen schlüpfen nach 60 bis 70 Tagen.

Was gibt es bei dem Kauf zu beachten?

Vor der Anschaffung eines Tieres sollte man sich darüber im Klaren sein, welche Bedürfnisse das Tier hat und ob man diese für viele Jahre erfüllen kann und möchte. Gerade bei dem Gecko sollte man sich sicher sein, ob diese exotische Tierart etwas für einen ist. Schließlich ist er auf einen richtigen Standort und bestimmte klimatische Begebenheiten angewiesen. Geckos sind nicht zum Kuscheln und Streicheln geeignet, sondern zum Beobachten. Daher sollte einem das Beobachten und

Pflegen der Tiere ausreichen, zu häufiges Entneh-
men der Tiere kann Stress bedeuten.

Insbesondere für Neulinge in dem Bereich der
Reptilienhaltung ist der Umgang mit Insekten unge-
wohnt. Man sollte sich daher sicher sein, ob der re-
gelmäßige Umgang mit den Futtertieren gut bewäl-
tigt werden kann.

Hat man sich für ein Tier entschieden und ausreichend Informationen gesammelt, sollte vor dem
Kauf des Tieres immer erst das Terrarium fertig eingerichtet sein und sämtliche Gegenstände für die
Pflege parat liegen.

Der gewünschte Gecko lässt sich bei einem
Züchter, auf einer Reptilien-Messe oder in dem Zoo-
handel erstehen. Allerdings sollte der Kauf bei einem
Züchter in der Nähe bevorzugt werden, nur so ist sicher, dass es sich bei dem Gecko um keinen Wildfang
handelt. Außerdem kann die Unterbringung bei dem
Züchter angesehen und Fragen gestellt werden. Die
meisten Züchter stehen auch noch nach dem Kauf
bei Fragen und Problemen zur Seite und könne
Tipps geben.

Achten Sie darauf, dass das Terrarium sauber
ist. Hat das Tier genügend Platz? Womit wird der Gecko gefüttert? Auch das Verhalten des Geckos kann
Aufschluss über seine körperliche Verfassung geben.

Er sollte einen gesunden und agilen Eindruck machen. Oft kann es helfen, bei einer Fütterung dabei zu sein und zu beobachten. Aufschluss über die Gesundheit gibt auch, ob er klare Augen hat, Verletzungen oder Narben und ob er dem Alter und der Größe entsprechend gut genährt ist.

KOSTEN

Hat man vor, sich einen Gecko zu kaufen, gibt es einmalig anfallende Kosten. Dazu gehören das Terrarium, technische Geräte und sonstiges Zubehör. Des Weiteren fallen ebenso Kosten an, die regelmäßig gezahlt werden. Dazu zählen zum Beispiel das Futter und Strom.

Um einen Gecko überhaupt beherbergen zu können, benötigt man ein **Terrarium**. Die Größe entscheidet hierbei über den Preis. Ein **kleines Terrarium** für Zwerggeckos kostet neu in der Anschaffung **50 bis 70 €** und mehr. Ein gebrauchtes Terrarium ist günstiger und fängt bei 20 bis 40 € an. **Größere Terrarien** wie zum Beispiel für einen Leopardgecko fangen neu im Schnitt bei **mindestens 100 €** an. Hält man eine Gruppe, ist der Preis wesentlich höher.

Auch die nötigen technischen Geräte dürfen in einem Terrarium nicht fehlen.

Die Beleuchtung:
- UVB-Spot beginnt ab 15 €
- Leuchtstoffröhre mit Fassung ab 25 €

Für die Wärmeregulierung:
- Thermometer mit Temperatursteuerung ab 50 €
- zusätzlicher Wärmespot 15 €
- Heizmatte ab 10 €

Kontrolle der Feuchtigkeit:
- Hygrometer ab 4 €

Eine **Beregnungsanlage** kann bei einigen Arten auch von Vorteil sein, hier geht der Preis von **80 €** aufwärts. Eine **Wetbox** ist bei manchen Arten ebenfalls ein absolutes Muss. Möchte man sich keine selbst basteln, so zahlt man im Schnitt für eine Box **14 bis 16 €** und aufwärts.

Das passende **Einstreumaterial** schwankt im Preis je nach Art und Menge von **6 € bis 20 €.** Was die Dekoration angeht, kann man sicherlich viel selbst machen. Sehr beliebt sind hier auch **Kork und**

Steinrückwände im Terrarium, je nach Größe gehen die Preise hier von **16 €** aufwärts.

Trink- und Futterschalen kosten ebenfalls je nach Größe 4 € und mehr.

Bei der Anschaffung eines **Geckos** ist der Preis von Art zu Art sehr unterschiedlich. Ein Leopardgecko kostet im Schnitt nur 20 € und aufwärts. Andere Geckoarten wie der Kronengecko fangen preislich bei 80 bis 100 € an.

Neben den einmaligen Kosten fallen auch Kosten an, die regelmäßig zu bezahlen sind. Die **Strom- und Futterkosten** variieren natürlich, aber man kann im Schnitt so mit **20 €** im Monat rechnen. Da bei der Fütterung ein **Vitamin- und Kalziumpräparat** natürlich nicht fehlen darf, kann hier im Schnitt mit 5 € für eine Packung gerechnet werden.

Wie jedes Haustier sollte der Gecko auch regelmäßig vom Tierarzt untersucht werden, gerade im Alter erkranken Tiere häufiger. So können auch hier Kosten anfallen. Um seinem Schützling unnötiges Leiden oder einen vorschnellen Tod zu ersparen, sollte vor dem Kauf bedacht werden, ob die nötigen finanziellen Mittel, die ein solcher Tierarztbesuch mit sich bringen kann, vorhanden sind.

TRANSPORT

Hat man sich für ein Tier entschieden, stellt sich die Frage, wie es nun in das eigene Terrarium ziehen kann. Bei dem Kauf im Internet werden die Tiere häufig verschickt. Damit der Gecko das auch unbeschadet übersteht, sollte dies ausschließlich durch einen speziellen Tiertransport getan werden. Am besten ist es jedoch, das neue Haustier selbst abzuholen. Stellt der Verkäufer kein passendes Behältnis bereit, eignen sich Futtertierboxen wie Heimchenboxen gut. Sie besitzen Luftlöcher und lassen sich sicher verschließen.

Reptilien können ihre Körpertemperatur nicht selbst regulieren, daher ist es wichtig, auf die Außentemperatur zu achten, für eine gute Isolierung kann eine zusätzliche Styroporbox Abhilfe schaffen. In die Styroporbox kann die Futtertierbox gesetzt werden, das hat den zusätzlichen Vorteil, dass das Tier vor äußeren Reizen weitestgehend abgeschirmt ist. Eine Transportbox sollte immer undurchsichtig sein, da es das Tier sonst zu sehr stressen würde. Natürlich muss immer auf Luftlöcher geachtet werden. Man kann auch spezielle Transportboxen kaufen. Für einen solchen Transport eignet sich Küchenrolle als Bodengrund. Es sollte nichts Loses, wie Streu oder

Gegenstände, in die Transportbox gelegt werden. Zusätzliches Wasser und Futter sollten ebenfalls nicht mit hinein, sondern erst daheim angekommen zur Verfügung stehen.

EINGEWÖHNUNG

Zu Hause angekommen, sollte dem Neuzuwachs erst einmal Ruhe von den Strapazen des Transportes gegönnt werden. Hat man bereits Tiere in einem Terrarium und möchte ein neu Gekauftes dazusetzen, sollte der Neuzugang erst einmal in Quarantäne. Die Quarantäne dient dem Schutz der bereits vorhandenen Tiere. Es könnten sonst Krankheiten oder Parasiten eingeschleppt werden. Ein weiterer Vorteil des Quarantänebehälters ist, dass man die Tiere dort besser beobachten kann als in einem Terrarium.

Für die Quarantäne kann ein zusätzliches Terrarium oder eine spezielle Plastikbox genommen werden. Die Einrichtung sollte eher spärlich sein und der Bodengrund mit Haushaltsrolle belegt. Wichtig ist, dass sich alle Einrichtungsgegenstände gut reinigen lassen für den Fall einer Erkrankung oder Parasitenbefalls.

Hat man keine weiteren Terrarienbewohner, darf der neu gekaufte Gecko gleich in das Terrarium gesetzt werden. Es ist wichtig, dem Tier Ruhe zu gönnen. Das heißt, es sollte nicht gleich wieder herausgenommen werden. Auch sollten hektische Bewegungen und Klopfen an der Glasscheibe vermieden werden. In der ersten Woche ist eine genaue Beobachtung wichtig, um auf mögliche Krankheitsanzeichen zu achten. Verhält er sich arttypisch? Sind die Augen klar? Frisst er mit Appetit?

Hat man bereits einen oder mehrere Geckos, sollte der Neuankömmling ebenfalls gut beobachtet werden. Es könnte sein, dass er von den bereits vorhandenen Tieren unterdrückt wird. Die meisten Geckoarten bilden Reviere, daher kann es schwierig werden, ein neues Tier in eine bereits bestehende Gruppe oder zu einem bereits vorhandenen Gecko zu setzen. Es ist ratsam, alle Tiere gemeinsam in ein neu eingerichtetes Terrarium zu setzen. Nur so haben alle die gleichen Grundvoraussetzungen.

Manche Geckos wie der Leopardgecko können so zahm werden, dass sie auf die Hand kommen. Allerdings ist das auch hier von Individuum zu Individuum unterschiedlich. Andere Geckoarten werden jedoch nie wirklich zahm und fliehen vor dem Menschen. Möchte man den Versuch unternehmen, einen Gecko an sich zu gewöhnen, so kann nach mehreren Tagen der Eingewöhnung angefangen werden, das Tier mit Futter zu locken. Dabei sollte niemals Druck ausgeübt werden. Bedrängt man es zu sehr, hat das nur den gegenteiligen Effekt. Der Gecko sollte IMMER von selbst auf die Hand des Menschen zugehen, auch wenn es viele Monate dauern sollte.

Häufige Erkrankungen

Hierbei gilt zu sagen, dass bei Erkrankungen oder im Zweifelsfall generell der Tierarzt konsultiert werden sollte. Dennoch ist es sinnvoll, einen allgemeinen Überblick über die möglichen Erkrankungen eines Geckos zu haben. Zeigt ein Gecko Symptome, ist die Krankheit oft schon recht weit vorgeschritten. Daher gilt es, schon auf kleine Anzeichen zu achten. So reagieren die meisten Tiere auf Unwohlsein und Schmerzen mit Gereiztheit und Aggressivität. Auch das Verblassen kann ein Anzeichen für eine beginnende Erkrankung oder starken Stress sein. Veränderungen des Verhaltens sind ebenso ernst zu nehmen. Zieht sich das Tier beispielsweise vermehrt zurück? Hat es ein starkes Bedürfnis nach Wärme und liegt tagelang auf seinem Sonnenplatz? Der Kot des Tieres sollte ebenfalls beobachtet werden. Bei Veränderungen trotz gleicher Futtergabe sollte der Tierarzt konsultiert werden.

Eine häufige Erkrankung bei neu eingezogenen Geckos ist der **Parasitenbefall**. Eine Kotuntersuchung kann hierbei Aufschluss geben. Allerdings reicht auch ein regelmäßiges Entwurmen, um Parasiten vorzubeugen. Eine andere Form von Parasiten können auch **Milben** darstellen. Oft lassen sich diese durch kleine, sich bewegende Punkte an ihrer Haut erkennen. Die Farben der Punkte können je nach Milbenart variieren. Oft werden Maulwinkel, Gelenkbeugen oder die Kloake befallen.

Gegen Milben gibt es Medikamente und Sprays. Allerdings muss das gesamte Terrarium samt Einrichtung gereinigt beziehungsweise ausgetauscht werden. Da Milbeneier oft überleben können, ist es ratsam, in den nächsten Wochen das gesamte Terrarium immer wieder zu reinigen und genauestens auf eine zweite Ausbreitung zu achten.

Durch Bisswunden und andere Verletzungen könne **Abszesse** entstehen. Abszesse sind eine Infektion. Sie äußert sich durch eine Ansammlung von

Eiter im Gewebe, die sich oft durch eine eitrige Beule zeigt. Hier gilt es, den Tierarzt zu konsultieren und die Infektion zu bekämpfen, im schlimmsten Fall muss operiert werden.

Durch mehrere Faktoren wie Stress, zu starke UV-Strahlung, Vitaminmangel, Häutungsprobleme oder Infektionen können **Augenerkrankungen** auftreten. Augenerkrankungen lassen sich daran erkennen, dass die Augen Ausfluss haben, verklebt sind oder gerötet. Auch hier kann der Tierarzt die richtige Diagnose stellen und das nötige Medikament verabreichen.

Einige Geckoarten haben sogenannte Axillartaschen, sie sitzen seitlich hinter den Vorderbeinen, ihre Funktion ist noch nicht ganz geklärt. Bei gut genährten Weibchen kann es zu einer **Schwellung der Axillartasche** kommen. Das ist erst einmal nicht so schlimm, treten diese Schwellungen jedoch immer wieder auf, sollte ein Tierarzt konsultiert werden.

Darmprobleme können vielfältig sein, so ist **Durchfall** eine häufige Erkrankung. Durchfall kann durch falsches Futter oder Infekte auftreten. Hat ein Gecko Durchfall, sollte er ein paar Tage kein Futter bekommen. Dafür aber ausreichend Wasser und Mineralien, auch Bene-Bac kann helfen. Das sind lebende, gefriergetrocknete Bakterienkulturen. Ist der

Durchfall nach 2 bis 3 Tagen immer noch nicht weg, sollte ein Tierarzt aufgesucht werden. Neben dem Durchfall kann auch eine **Verstopfung** ein großes Problem darstellen. Gerade bei Terrarien mit losem Sand kann so etwas vorkommen, aber auch andere Bodensubstrate können zu Verstopfungen führen. Häufig frisst der Gecko Bodensubstrat, wenn er einen Mineralmangel hat.

Bei einem sogenannten **Darmvorfall** ist eine rosafarbene bis braune Ausstülpung an der Kloake (bei Menschen würde man von einem Anus sprechen) zu sehen. Oft laufen die Tiere dann auch in einer Schonhaltung. Gründe hierfür sind oft starke Pressbewegungen aufgrund von Verstopfungen oder Durchfall. Hier sollte umgehend gehandelt werden. Die Darmausstülpung muss feucht gehalten werden, da bei einer Austrocknung das Tier versterben würde.

Möchte man nicht sofort den Tierarzt konsultieren, wird der Gecko für 90 Minuten in ein Sitzbad mit gesättigter Zuckerlösung gesetzt. Anschließend kann mit einem Wattestäbchen und Gleitgel vorsichtig versucht werden, die Umstülpung zurückzuführen. Sauberkeit ist dabei ein absolutes Muss, damit sich der Gecko keine zusätzliche Infektion einfängt. Auch sollte der Grund des Darmvorfalls geklärt werden.

Erbricht ein Gecko, kann es daran liegen, dass er zu viel gefressen oder einen Infekt hat. Auch die Temperatur kann eine Rolle spielen. Zu kühle Temperaturen stören die Verdauung und es kann daher zum Erbrechen kommen. Ist es warm genug im Terrarium und der Gecko erbricht trotzdem regelmäßig, ist dies mit dem Tierarzt abzuklären.

Geckos können auch wie Menschen an **Gicht** erkranken. Durch zu fettes Futter wie Larven oder Mehlwürmer kann die Harnsäure im Blut ansteigen. Zu erkennen ist Gicht an geschwollenen Gelenken, die dem Tier Schmerzen bereiten. Außerdem kann die Harnsäure Herz und Leber schädigen. Wärme und eine höhere Luftfeuchtigkeit sowie eine spezielle Diät mit harnsäurehemmenden Mitteln kann hier helfen.

Ist es zu heiß im Terrarium, kann selbst der wärmeliebende Gecko einen **Hitzschlag** erleiden. Dies äußert sich durch Unruhe, Erbrechen und Schaum vor dem Maul. Der Gecko wird versuchen, kühle und schattige Plätze zu finden. Stellt man einen Hitzschlag fest, so sollte der Gecko entnommen und auf feuchtes Küchenpapier gelegt werden. Es ist wichtig, das Tier langsam abkühlen zu lassen, da es sonst zu Kreislaufproblemen kommen kann. Im Terrarium ist eine Temperaturkontrolle wichtig. Es sollte dafür gesorgt werden, dass sich wärmespendende Geräte bei einer möglichen Überhitzung regulieren. Eine gute Belüftung kann einem Hitzestau vorbeugen.

Bei Veränderungen der Atmung wie Atemgeräuschen, schnellerer Atmung oder Schleimabsonderungen am Maul kann es sich um eine **Lungenentzündung** handeln. Auch Futterverweigerung oder eine Atmung mit offenstehendem Maul können ein Anzeichen hierfür sein. Zu den Ursachen einer Lungenentzündung können Zugluft und eine zu kühle und feuchte Haltung zählen. In diesem Fall braucht der Gecko Antibiotika und sollte daher dem Tierarzt vorgezeigt werden.

Leber- und Nierenerkrankungen können durch zu energiereiche Ernährung, eine fehlende Winterruhe, Amöben oder giftige Stoffen entstehen. Symptome sind grünlicher bis dunkler Harn, heller Kot oder ein aufgeblähter Bauch. Auch ein Verlust der Vitalität oder eine Gelbfärbung der Haut und Schleimhäute können Symptome darstellen. In jedem Fall sollte auch hier der Tierarzt für eine genaue Diagnose und Behandlung aufgesucht werden.

Rachitis kommt besonders häufig bei Taggeckos vor. Hierbei handelt es sich um eine Knochenerweichung, die zu Knochenbrüchen und einer Störung des Gangbildes führen kann. Der Grund hierfür ist in der Regel Kalziummangel oder fehlendes UV-Licht. Eine zusätzliche Gabe von Vitamin D3 ist ratsam.

Vitamine spielen eine wichtige Rolle. Bei einer **Vitaminunterversorgung** kann es zu vielerlei Problemen kommen. Fehlt **Vitamin A**, zeigen sich vor allem Augenprobleme, aber auch Häutungsprobleme können auftreten. Bei einem Mangel von **Vitamin C** ist der Gecko anfälliger für Infektionen. **Vitamin D** ist vor allem für die Knochen zuständig. Ein Mangel an Vitamin D kann Rachitis begünstigen sowie Probleme bei der Eiablage. Fehlt **Vitamin E**, kann es zu Muskelschwäche, Bewegungsunlust und Appetitlosigkeit führen.

Ein Mangel an Vitaminen muss nicht immer nur an der falschen Ernährung liegen, er kann auch durch Stress oder Parasiten entstehen. Mindestens genauso schädlich kann auch eine **Überversorgung an Vitaminen** sein. Die Symptome sind trockene, schuppige Haut, Bewegungsunlust und eine Verweigerung der Nahrung.

Die häufigsten Fehler in der Haltung

Zu den häufigsten Fehlern in der Haltung zählt zum einen eine unzureichende Luftfeuchtigkeit sowie die falschen Temperaturen im Terrarium. Jedoch können auch Halter, die es sehr gut mit ihren Tieren meinen, Fehler begehen, indem sie ihre Tiere überfüttern. Tatsächlich kommt eine Überfütterung recht häufig vor, was wohl daran liegt, dass der Mensch es gewohnt ist, jeden Tag Nahrung aufzunehmen. Der Gecko benötigt diese jedoch nur ein- bis zweimal in der Woche. Eine Überfettung kann bei den Tieren zu Organproblemen wie einer Fettleber führen.

Die Winterruhe halten einige Halter zudem nicht ein, was bei manchen Arten zu gesundheitlichen Problemen und einer verkürzten Lebenserwartung führen kann.

Ebenso wählen viele Halter aufgrund von Platzmangel oder um hohe Kosten zu vermeiden ein zu kleines Terrarium. Den Tieren fehlt dann der nötige Bewegungsfreiraum. Besonders in der Gruppenhaltung ist Platzmangel ein häufiger Haltungsfehler, der bei den Tieren zu enormem Stress führen kann. Aber nicht nur der Platz kann in der Gruppe ein Stressfaktor sein, auch müssen ausreichend Versteckmöglichkeit und Aufwärmplätze für jedes Tier vorhanden sein. Eine schlechte Gruppenkonstellation mit zu vielen Männchen kann ebenfalls zu erheblichen Problemen führen.

Was tun, wenn der Gecko entkommen ist?

Geckos sind wahre Ausbruchskünstler. Ein Terrarium sollte immer ausbruchssicher eingerichtet sein, da sich die schmalen Tiere durch die kleinsten Öffnungen quetschen können. Auch bei dem Hantieren im Terrarium kann es sein, dass ein Gecko entkommt. In diesem Fall sollten zuallererst sämtliche Türritzen und Fenster verschlossen werden. Der Versuch, den Gecko durch Suchen und Jagen zu fangen, hat nur selten Erfolg. Die besten Erfolgschancen sind durch das Verteilen von

Wetboxen, Höhlen und Heizsteinen gegeben. Auch eine Wasserschale sollte nicht fehlen. Sicherlich wird der Gecko früher oder später einen dieser Orte aufsuchen, dort kann er dann eingefangen werden. Außerdem können diese Orte ihm das Überleben sichern. Futter muss nicht angeboten werden. Ein gut genährter Gecko kann mehrere Wochen ohne Futter auskommen. Man sollte Geduld haben, da es mehrere Tage oder Wochen dauern kann, bis sich das Tier zeigt. Es soll auch schon Fälle gegeben haben, in denen der verschollene Gecko erst nach einem Jahr wieder aufgetaucht ist.

> **Hat man Spaß an dem Beobachten dieser fabelhaften Tiere, ist der Gecko mit seiner Vielfältigkeit und seinen facettenreichen Farben das ideale Haustier.**

Herstellung und Verlag:

BoD – Books on Demand, Norderstedt

ISBN: 9783755742920

1. Auflage

Kontakt: Psiana eCom UG/ Berumer Str. 44/ 26844 Jemgum

Covergestaltung: Fenna Larsson

Coverfoto: depositphotos.com